王人博 著

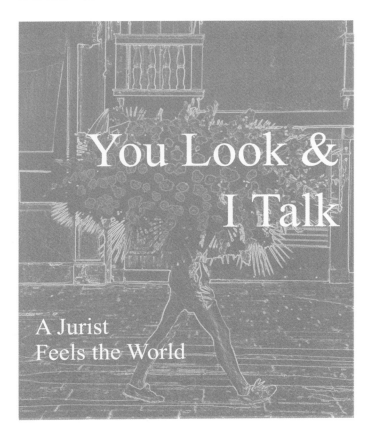

You Look & I Talk

A Jurist Feels the World

你看我说

一个法学者的人间情味

北京大学出版社
PEKING UNIVERSITY PRESS

图书在版编目(CIP)数据

你看我说:一个法学者的人间情味/王人博著.—北京:北京大学出版社,2019.1
ISBN 978-7-301-30129-6

Ⅰ.①你… Ⅱ.①王… Ⅲ.①法哲学–通俗读物 Ⅳ.①D903-49

中国版本图书馆CIP数据核字(2018)第280299号

书　　　名	你看我说:一个法学者的人间情味 NI KAN WO SHUO:YIGE FAXUEZHE DE RENJIAN QINGWEI
著作责任者	王人博 著
责任编辑	杨玉洁
标准书号	ISBN 978-7-301-30129-6
出版发行	北京大学出版社
地　　　址	北京市海淀区成府路205号　100871
网　　　址	http://www.pup.cn　　http://www.yandayuanzhao.com
电子信箱	yandayuanzhao@163.com
新浪微博	@北京大学出版社　@北大出版社燕大元照法律图书
电　　　话	邮购部010-62752015　发行部010-62750672 编辑部010-62117788
印　刷　者	天津图文方嘉印刷有限公司
经　销　者	新华书店
	880毫米×1230毫米　32开本　11.75印张　134千字 2019年1月第1版　2020年8月第2次印刷
定　　　价	68.00元

未经许可,不得以任何方式复制或抄袭本书之部分或全部内容。
版权所有,侵权必究
举报电话:010-62752024　电子信箱:fd@pup.pku.edu.cn
图书如有印装质量问题,请与出版部联系,电话:010-62756370

序：世界是有皱褶的

我们每个人在现代社会里都有一个相对固定的角色，为了演好它，每天都要涂脂抹粉，念叨着嘴上该说的台词。让渡定义自己的权利，追求公认的"成功"成了人生最大的愿望，而名望、地位、财富便是成功者身上最扎眼的"logo"。成功是会上瘾的，虽然因成功而获得的快感能急剧上升达到高潮，但它不会持续太久。短暂的兴奋退却之后便是为了获得更大的成功而产生的焦虑，落寞、郁郁寡欢是成功的另一个面相。

然而，无论时代怎样变化，人本质上首先是个"生活者"。返回日常生活，大家其实都是一类人。每个人都得一日三餐，都有躺在床上望着天花板发呆的片刻，还有那些需要打发的无聊时光。每时每刻都怀揣理想，为这出力为那献身，要么是哄骗自己也哄骗别人的大话，要么就是真的成了仙。人间的烟火气还是人存在于世的基本样态和形式。譬如，现代人基本都有个手机，手机并不都是用来干大事的，更多的时候它的基本功能就是打发时间，发发微信、聊聊天等。日常生活会把人重新拉回人间。

我们生活的世界和我们的生活本身是带有皱褶的，也是多彩的。小说家喜欢把生活和世界想象成一种"故事结构"，通过叙事来解释和表达他对世界和生活的见解，不仅会给阅读者带来乐趣，而且也会给予其启迪和指教。音乐家习惯于把生活和世界想象为"声音"。我们的生活、世界乃至整个宇宙都相互关联，存在着一种隐秘的和谐关系，这种关系会带来动静。把那些在我们看来杂七杂八的声响组合为有规律的音符、旋律、曲调便是音乐家的工作，而聆听它们会让我们手舞足蹈。电影家擅长的是把生活和世界转换为影像，一个带有色彩、声音、图像、故事的镜像结构。摄影机既是电影家探索这个世界的生活、生命的工具，又是他表达问题的主要方式，生活、生命的意义通过对胶片的剪辑、拼接而显现出来。看电影，既是为了娱乐，也是我们现代人日常生活的内容本身。摄影家对生活和世界的认知依靠的是相机，相机是生活和世界的诗意反射器。所以，每一幅照片都有故事，哪怕只是一幅风景照。这是照片可视、可解的主要根据。正如约翰·伯格所言：

一切照片都充满歧义。一切照片都来自连续性的断裂。如果是一个公共事件，这一连续性便是历史；如果是私事，已断裂的连续性便是人生故事。即使是一张单纯的风景照也打破了连续性：那就是光线和气候的连续性。不连续性总会产生歧义。但这种歧义经常不是显而易见的，因为一旦照片被配上文字，它们就一起提供一种确定性的效果，甚至一种教条式的武断效果。

照片不是对现实的翻译。它们自现象中引用。

阅读图片有时比摄影本身更有趣味，因为照片自身充满歧义，解读它就是对生活和世界的一种思考，而本书所呈现的就是作者以图片为媒介，对生活与世界的一种思考和思考的方式。

生活和世界是有纹理皱褶的，它既向人袒露和敞开，也把自己遮蔽隐而不显，而我们日常生活的乐趣很多时候来自于对生活和世界抱有的热情，来自于对细节的打量和凝望，高大威猛世界里的虚空得依靠日常生活的皱褶来填补。我们不知道幸福和快乐何时会来，总希望幸福快乐与我们不期而遇，而生活和世界的每一道皱褶可能就是快乐和幸福到来的那道窄门。

目录

2014 | 打捞记忆 ·········· *1*
　　向晚的风，吹低了一缕发梢，用手拂上去，又凉了额头。

2015 | 内心独白 ·········· *39*
　　世界是一座磁山，别让它搅乱了心中的罗盘。

2016 | 况味人生 ·········· *133*
　　因有必死的宿命存在，而且生命也只有一次，所以悲欢啊、离合啊、烦恼啊、苦乐啊，这一切才具有意义。

2017 | 雕刻时光 ·········· *229*
　　虚度的时光才是美好的，一寸光阴就是一寸，没有金。

2018 | 哲学漫步 ·········· *317*
　　人都是在荒漠中跋涉，即便道渴而死，心里也得存着甘甜的希望。

后记 ·········· *369*

打捞记忆 2014

向晚的风,吹低了一缕发梢,
用手拂上去,又凉了额头。

世界的本源是虚无,
它和一个叫作天堂的去处属于同一个地方,
只是地名的不同而已。
天堂是虚无的新地标。

1月6日

Jan.2014

看人名挺有意思：
一看我妻荣，就想到婚姻法；内藤湖南像是个搞中国学的；
牧野英一总感觉是苏武的后代；舒马赫，生下来就该是个赛车手；
藤野先生像是搞植物学的；
山本五十六，一听就是个二愣子。

1月9日

童年的记忆就是这一辆脚踏车:
御风中的轮子犹如岁月的倒带,
回听、回望,合着那一衣白色飘飘的半袖衫。

1月10日

Jan.2014

时间是一条一直往前延伸的直线,从不拐弯,
并在自己经过的地方留痕,用以标记路程:
一年、一个月、一小时、一秒、百分之一秒……
而作为时间的客人,这留痕便是它为我们送行以免迷路的记号。
忽然,一缕白光刺进我的眼睛,像是回光返照,到家了!
我看见了新房子,
并刻着我的名字……

1月14日

1月15日

聆听时间的咆哮和远方落叶的风暴,
还有废墟里的高声喧哗。

Jan.2014

Jan.2014

1月20日

雪睡在雾里终没醒来,田园的艾蒿早已死去。
来年吧:等一珠清水,和一弯浅芽。

2月2日

鲁迅怀揣的是「超人」，塑造出的却是阿Q。

Feb.2014

今天是元宵节。
因了现代性的丰功伟业,
黄昏后的人影早逝于欲望的丛林,斑斓的花灯都插上了电钮,
周围聚拥着一团浓浓的脏雾,
而月上柳梢头的光晕则成了无用挥手的永别。

2月14日

Feb.2014

书架不是书的睡床,而是一个戏台,
它围坐在那里,
观看主人智性、品行和心灵的演剧。

2月16日

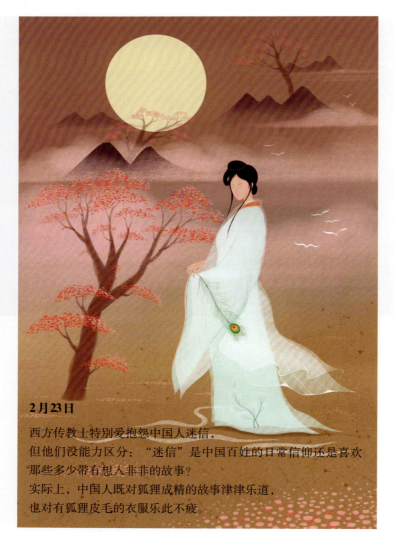

2月23日

西方传教士特别爱抱怨中国人迷信,
但他们没能力区分:"迷信"是中国百姓的日常信仰还是喜欢那些多少带有想入非非的故事?
实际上,中国人既对狐狸成精的故事津津乐道,
也对有狐狸皮毛的衣服乐此不疲。

2月27日
在主人与奴隶之间,奴隶更优越。
这倒不是因为道德,而是认识上奴隶具有更高的层次,
他用艳羡或仇恨的眼光把前者认作人的同类,
而前者对后者的认知却超不出物件的范畴。

Feb.2014

3月7日
沉默是激情的吟唱,
吼叫才是自然的摇滚。

Mar.2014

3月22日

人类为了回应无法逃脱的宿命，
不得不发明和依赖宗教，
把死亡转喻为一种生命的连续过程，
"死"即是不朽。

Mar.2014

乐观主义的行当是助产士，
悲观主义的职业是入殓师，
而无政府主义不能言说的爱好是从政。

3月24日

回忆不是还原过往,
而是通过增奇附丽达到重塑自己的目的。

4月1日

4月2日

总是辜负这个季节。
冬天时想它,
真来了又老是犯困,
一睁眼,花谢了,
一地死亡的樱瓣。

Apr.2014

打捞 | 记忆 19

Apr.2014

读书是时空的错置行为，
连带着一种优雅的孤独。

4月23日

Apr.2014

夏日光景，
透明游池，
且潜且浮
——真想一头栽下，扁舟而去。

5月25日

May.2014

听莫西子诗《要死就一定要死在你手里》，
整个心都被弄得"稀巴烂"。
这不太像一首情歌，
更像是爬上沉船桅杆上的大声呼救，
那样的急切，又是那样的无望。

6月3日

Jun.2014

领导人与领袖
——前者更多在官僚意义上使用,
指的是具有"合法性"的"长官";
后者通常指的是由革命塑造的"头领"。
这样说也行:
前者是温吞式的,而后者却是一种非常扎眼的存在。

6月16日

Jun.2014

6月22日

足球赛比篮球赛有意思：
后者只要把球扔进篮筐就完事了，
而前者光看进球还不行，
还要看站在门前面的那个家伙：
既希望他把球抱住，又希望他脱手。
世界杯之所以有意思还有一个原因：
我们大多都在晚上看。

7月8日

人生的奇妙之处就在于：
我们只能活在有限的长度里，
但又不知道何时会死。
"死"成了思考"生"之价值的唯一尺度，这便是终末论的调调。

「赞」这个符号并不表示「赞成」或「欣赏」，而是绕过畏惧和寂寞，仅凭一言不发的沉默就能达到被视见的目的。它暗示的是一种不淡不咸、若即若离的微关系。

7月20日

Jul.2014

8月27日
《风吹柳树静》,片名很诗意。
柳在中国文化中有"留"的意思,
这算是伊朗之柳与中国之"留"的一种错置。
人的一生要"留住"一些东西,这很重要。

对人生而言,压制有时比自由更重要:
自由既能激发人的潜力,也能唤醒沉睡的兽性。

8月28日

智性的妙用就在这
"没有任何的意义"。

9月12日

9月15日

童年不只是一种记忆,
也是长成当下的一粒种子。

Sep.2014

9月17日

坐在校园的街椅上，闻着花草树木的秋之味，
看着眼前新老学子的来来往往，心生感念：
"还是原来的配方，还是熟悉的味道。"

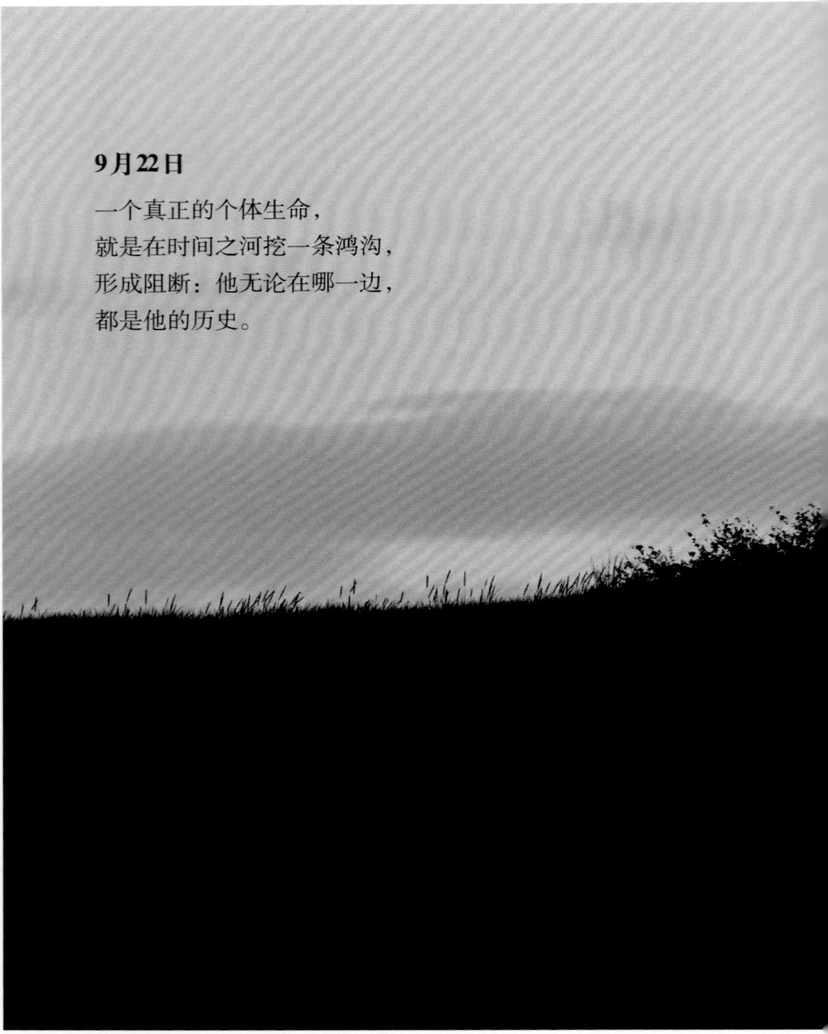

9月22日

一个真正的个体生命，
就是在时间之河挖一条鸿沟，
形成阻断：他无论在哪一边，
都是他的历史。

10月4日 死是阿Q的真正得救,因为周遭沉寂了,失败与胜利也就失去了任何意义。

10月10日 悲苦是忧郁者的宿命。

Oct.2014

10月16日

一瞥惊鸿,落下的是一片秋凉。

Oct.2014

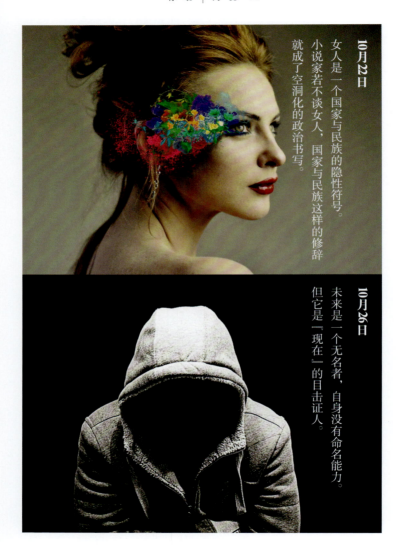

10月2日
女人是一个国家与民族的隐性符号。小说家若不谈女人,国家与民族这样的修辞就成了空洞化的政治书写。

10月26日
未来是一个无名者,自身没有命名能力。但它是「现在」的目击证人。

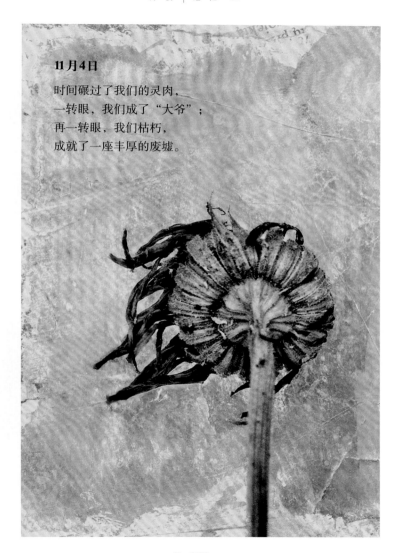

11月4日

时间碾过了我们的灵肉,
一转眼,我们成了"大爷";
再一转眼,我们枯朽,
成就了一座丰厚的废墟。

Nov.2014

2015
内心独白

世界是一座磁山，别让它搅乱了心中的罗盘。

我始终相信:
人的命运与他的思维方式之间有一条隐秘通道,
而通道里那条系着铃铛的绳索则牵在上帝的手里。

1月2日

Jan.2015

相机是生活和世界的诗意反射器。

1月13日

每一种表达都带有虚构性质,
因为客观或内在的对象不可能自己原样地跳出来。

2月6日

Feb.2015

火车
——在艺术家眼里永远都是个喻象。

2月23日

Feb.2015

壶中日月无纷扰，山水江湖有琴声。

3月8日

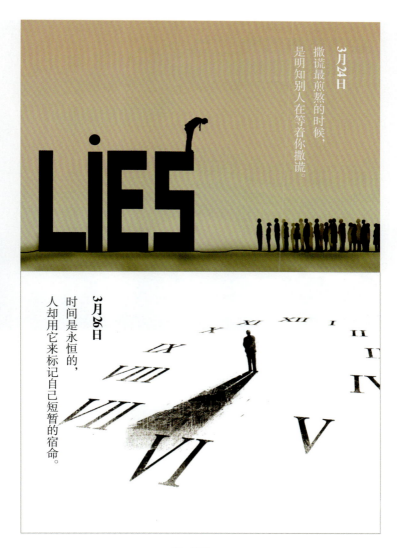

3月24日
撒谎最煎熬的时候，
是明知别人在等着你撒谎。

3月26日
时间是永恒的，
人却用它来标记自己短暂的宿命。

言语道断,身体出场。

4月3日

Apr.2015

有一种等待叫熬守：
既不确知为何在等，也不清楚要等多久。

4月15日

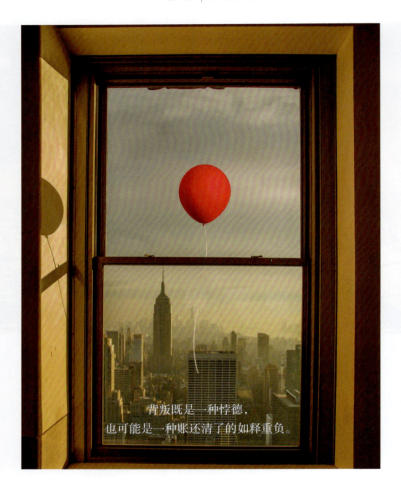

背叛既是一种悖德,
也可能是一种账还清了的如释重负。

4月17日

Apr.2015

从所有对象物中都能看到自己的人被叫作艺术家。

4月18日

你看 | 我说 50

Apr.2015

4月20日

有一种遥远叫永远去不了,
可它却是往那儿走的一把梯子。
我说的是乌托邦。

童年都有一个小伙伴,
会让你至老难忘。

4月22日

Apr.2015

内心 | 独白

磨折了自己不是为了绽放,
而是在空白处留下足迹。

4月23日

世界可以转弯,
但没有破折号。

4月24日

Apr.2015

为什么儿童与动物如此亲近?
因为他们本质上都是孩子,
是成人世界的对立物。

4月25日

现代性的价值之一是把人束缚在解放里。

5月2日

May.2015

中国人对植物的感觉胜过动物：
一根植草已经枯萎，但就在这枯植的根部总有一种希望存在，
等到来年，春天来临，
新芽出现，生长，延伸……
这是现实的而非宗教的轮回。
人将死之时需要这根延念的植草，空凉之隙便有微满。

5月8日

"长大"意味着季节不再往返，
人只能活在一个冷冬的世界，
那里叫成年。

5月13日

May.2015

羞涩结痂是花沾了叶子。

5月18日

一壶浊酒便是我与自己的距离。

5月19日

"饭"这个词遮蔽了人类的非德性,
它制造了一种忘却机制,
以便不与被吃的动物和植物发生联想。

5月20日

May.2015

5月22日
回忆之所以是黑白的,
那是因为岁月带走了所有纯真的色彩。

不为人的不幸悲伤，
只为死的动物难过，
这便是孩子的心。

5月23日

May.2015

水是人类永恒的母题：
自恋又善恶同体。

5月24日

心里无论怎样炎凉，还是想能被这个世界温柔以待。

5月25日

May.2015

5月27日
雨夜带有悬疑的色调,
还可以表达人自身的苦闷和焦虑。
雨伞的出现不是减轻而是加重了这暗色中的不安。
这也是犯罪电影惯常的套路。

May.2015

心理的厚度其实很小，
稍微一偏，
敏感就是猜度。

6月7日

Jun.2015

别用你的寂寞惊醒我孤悬的梦境。

6月8日

还是原来的陋巷径,
还是原来的青苔香。

6月9日

Jun.2015

仰望的不是天,是空。

6月16日

6月20日

Jun.2015

6月29日

Jun.2015

消费主义是一座精制的动物园,人与物之间总是相互利己地观看。

执念像是昨日不经意间抖落的一缕发梢，
既拾不起也挥不去。

7月4日

Jul.2015

生活有时就像辫子上的橡皮筋,
绕三圈太紧,绕两圈又太松……
好不容易弄好了却发现还是不扎辫子更好看。

7月6日

Jul.2015

7月8日
花针掉落，在心里听见声音。

人们去咖啡店并不是因为想喝咖啡,
而是为了一次等待和一段时光。

7月11日

Jul.2015

游戏的趣味取决于有无女孩的观看。

7月13日

Jul.2015

观众都是在保证自身安全的前提下才被询唤为电影主体的。
主人公的遭遇是他宣泄潜意识里集体焦虑的最佳方式，
因为他知道无论何种遭遇都是在银幕上发生的。

7月16日

Jul.2015

窗外车辆急速驶过的轰鸣像是更夫的更声：
夜未央，路也安好，
世界还在，远方有雨。

7月17日

Jul.2015

年轻生长爱情,
而我的故事已珍藏在花里。

7月21日

Jul.2015

"想当年"的意思说的不是过去,
而是现在的境遇。

7月22日

Jul.2015

爱是一条有形的绳索,
超出了它的长度就会被无情地拉回来。

7月24日

Jul.2015

7月26日

故事通常最悲惨的结尾:
"最后,
他们各自过上了幸福生活……"

不是为了赶赴一场盛宴,
而是来陪伴一颗孤伶的心。

7月27日

Jul.2015

不幸的孩子身边往往都有一个智障的成年朋友,
那是孩子的真正肩膀;
而他的智障是上帝的奖赏,为的是让他远离成年世界的邪恶。

7月30日

卡波特说，爱，因为没学地理，所以不识边界。

7月31日

门口是人生的转弯处，而自行车则是前行中教你平衡技艺的启蒙老师。

8月3日

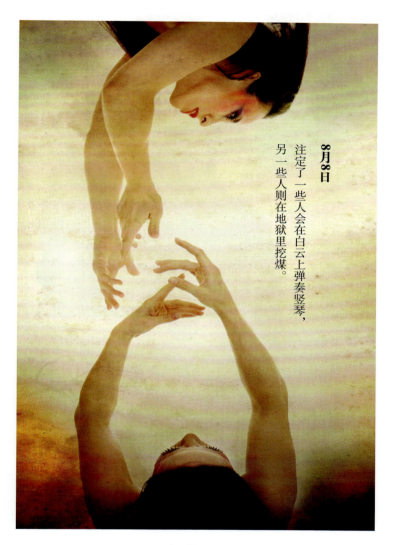

8月8日

注定了一些人会在白云上弹奏竖琴，另一些人则在地狱里挖煤。

祖母的故事是一种指教,
在我独自彷徨的时候会用到它。

8月12日

生活的甘苦独自品尝,
唇边的呓语有你倾听。

8月19日

梦是世上速度最快的交通工具,
仿佛天堂就在我们村边小河的对岸。

8月20日

所谓的文化传统,
就是在不同的时空里走着相同的圆圈。

8月26日

眼泪并非总是喜悦与悲伤的伙伴,
也许只因为待久了想出来转转。

9月7日

Sep.2015

老师,
是您把我放在了光明处。

9月10日

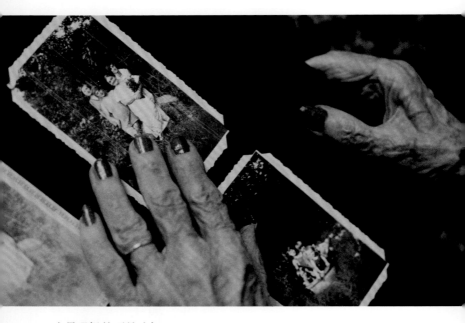

人最恐惧的不是速朽,
而是希望不存的"无期"。

9月13日

Sep.2015

空了，
尽了，
残留的阴郁仍是执念的颜色。

9月20日

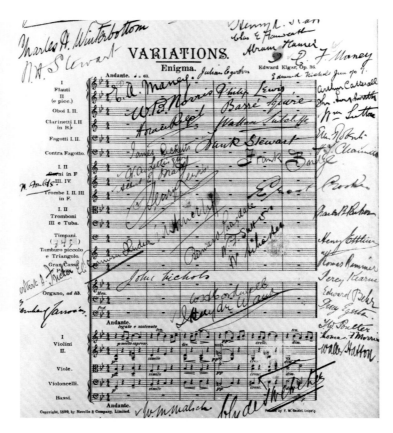

纸与笔天生一对,而它们的热吻释放的却是旁观者的激情。

9月21日

理念的召唤与奔腾会使其枯身残形活灵活现栩栩如生。

9月25日

Sep.2015

把背给你,
不是因为脸难看,
而是从耳朵上你就能认出我。

9月26日

飞鸟在飞行途中病死，
而它胃里的种子也在那儿落下，
花最终成了幸存者。（纪念本雅明逝世75周年）

9月27日

成功者的记忆不是成功的喜悦,
而是向此靠近的苦难岁月。
因为成功,苦难也就变成了美好的回忆。

10月10日

苦难是世上最易分享的东西,
而分享的方式则是添油加醋。

10月16日

女性在历史演化中往往被赋予的是无法逆转的宿命，
和冰一般的永恒孤独。

10月17日

Oct.2015

风使劲摇晃着秋叶；
那片将枯的叶子想用尽最后的力气活下去；
风越吹越大，那只拼命抓着枝头的手最终还是松开了，
落地，而死。
我便是那个秋景的观赏者。

10月18日

艺术有时可以被看作这样一种行为：在黑白的世界上滴了一滴红墨水。

10月19日

Oct.2015

太阳之光穿透了冬树的缝隙，留下的是自己血艳的斜影。

10月23日

Oct.2015

10月25日

想给蚂蚁寄张明信片，
了却雨天的思念。

Oct.2015

Oct.2015

欲望的世界塌崩之后,
它自身仅存的一星物象也随之而去,
不着一丝痕迹,这个词叫灰飞烟灭。
——听戴荃:《悟空》。

10月27日

11月4日

树上的鸟笼,
望见自由飞翔的鸟儿,满眼里都是寂寞。

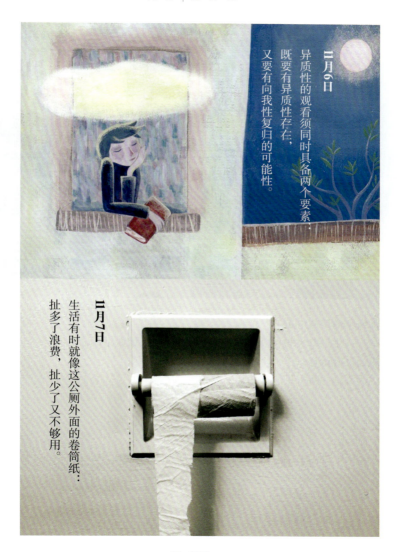

11月6日
异质性的观看须同时具备两个要素:既要有异质性存在,又要有向我性复归的可能性。

11月7日
生活有时就像这公厕外面的卷筒纸:扯多了浪费,扯少了又不够用。

那些年的诗与电影
——人生最珍贵的一段经历往往只会有一个人负责保存记忆,
应当好好待它,
因为人这一辈子只能有那么一次。

11月8日

Nov.2015

"呼吸"不只是喘气，
也是一种道法，好像是两个自己的对话：
一吸一呼，一呼一吸，
和解达成，静我放了光明。

11月9日

Nov.2015

祛魅了的世界也丢了魂。

11月12日

Nov.2015

内心 | 独白 121

省略号文中出现是一种孤独的停顿，
如同坐在街椅的中间，
两边空着，却不再等人来。

11月23日

Nov.2015

11月25日

在狗的眼里,自己的同类只有两种:狗和宠物。

Nov.2015

12月3日
越是放大一个影像,其暗指的意义越应在没被放大的那个身上。正如这帧摄影,马头的凸显暗指的是女性的存在。

12月5日
被拽进硝烟弥漫的战场,只是为了他们人类自己的厮杀与争斗。

Dec.2015

12月6日

人眼中的自然景致只是人的自恋本性的自然延伸而已。

12月13日

「入戏」是观者对演员与戏中人的双重误认而完成的。

12月17日

把沾满了汗液的文字先是漂洗干净，再用一把劲拧成麻花榨取最后一滴水，然后晾干，寄回。——这大概就是现代通讯中的文字交流方式。

爱，是一种上瘾式的想象。

12月18日

生命的体悟与年龄相关又不相关,
一个花季少女也可以把她 16 岁以后的岁月叫作"泼残生"。

12月19日

Dec.2015

语言是有浓度的：
既不能稠得粘嘴，也不能稀得寡淡无味。

12月21日

Dec.2015

12月24日

冬的意象里总是显现着春的召唤。

况味人生 2016

因有必死的宿命存在,而且生命也只有一次,
所以悲欢啊、离合啊、烦恼啊、苦乐啊,
这一切才具有意义。

总是细数着以后的日子，
却忘记了活过的快乐。

1月1日

Jan.2016

悲苦在男人的烟中燃烧,
从女人的眼里流出。
女人的烟灰掉落的往往是寂寞。

1月6日

灵感是一场澍雨,
打湿了心智里将要破土而出的那朵玫瑰。

1月10日

Jan.2016

月亮变成了月球,
从此它不再与人晤谈与私语,也不再提供任何教诲。

1月11日

Jan.2016

1月15日
家乡不只是曾经的居地，
更是那段永逝的时光。

Jan.2016

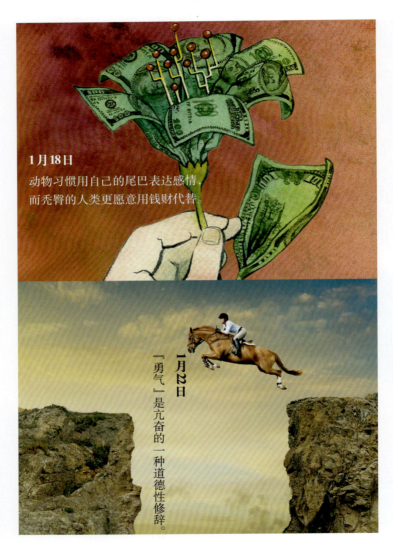

1月18日
动物习惯用自己的尾巴表达感情，而秃臀的人类更愿意用钱财代替。

1月22日
「勇气」是亢奋的一种道德性修辞。

1月23日

打好画框,把春天的阴郁镶嵌进去。

叶落何处，是风说了算。

1月25日

Jan.2016

人自身并非一个独立王国,
你所拥有的唯一领土就是从头到脚的那具躯体,
身外的纷扰也不时地干涉你的内政。

1月30日

"困惑"的最清醒表达是梦中的迷路。

2月17日

Feb.2016

问号其实就是个钩子,
问得太多,它会扎进心里,
提起来,不痛了,却流不出一滴血。

2月20日

Feb.2016

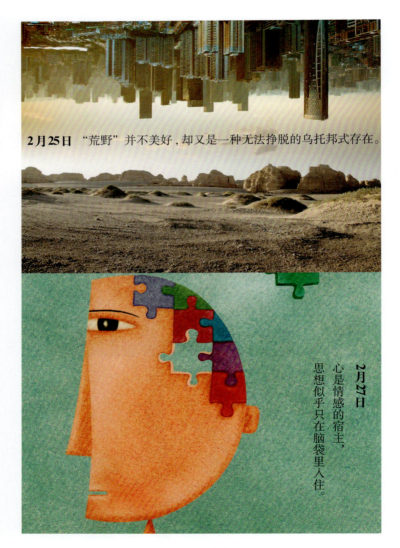

2月25日 "荒野"并不美好,却又是一种无法挣脱的乌托邦式存在。

2月27日 心是情感的宿主,思想似乎只在脑袋里入住。

事实往往是这样的：
逃离迫害的人往往更不宽容；
反权威的人本身可能就是个权威主义者；
真正的个性主义者大多没有方向感，迷路是家常便饭。

2月28日

有一种阅读叫"拜读":
大气不敢出,也不敢发问,
生怕暴露了自己的无知。

3月7日

Mar.2016

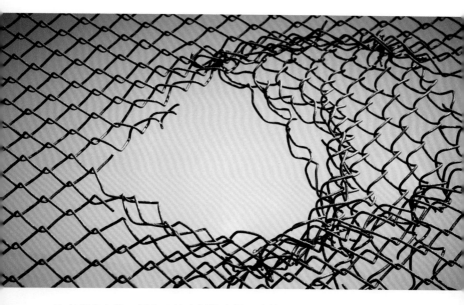

放弃现成之路，用自己的头颅撞出另一个缺口，
不问它的大小和意义，只为了这个缺口。
这是我理解的自由。

3月9日

麻醉减少了病人的痛苦,
同时也将医生与病人相隔离使其感受不到病人的痛苦,
这是医生与神父相区分的标志。

3月15日

Mar.2016

与自然科学不同,
人文社科的"理解"除了烛亮人生的晦暗之外,
再也没有其他意义。

3月17日

游戏既是人的存在方式,
也是人存在的意义。
所谓学术,也只不过是在解一个智力套环而已。

3月18日

Mar.2016

3月23日
音乐是流淌的情感，文字是驻留的迷思。

Apr.2016

4月1日

意向性是一种主观引力，
它涵摄的是人生经验、习惯、原则。
它把主体拉向一个目标，即"期待"，一种客观未显的存在。

4月2日

女人抽烟分为两种：自我的存在，存在的自我。前者以尼古丁为伴，如女性主义者，时间的孤独者；后者以尼古丁为己身，如阿伦特、苏珊·桑塔格。

Apr.2016

对故地的心理需求和依赖并不都是现实的一种投射，而且也是对时间本身的一缕感伤。

4月6日

Apr.2016

民族永远不是我们每个活生生、有血有肉的个体的简单相加所得之和。它无形地把我们抽象了,去掉了每个具体的人的血和肉。

4月11日

Apr.2016

春天的脚步是如此轻盈,
你不知道她是来了,还是走了。

4月14日

Apr.2016

让我掉下眼泪的,
是昨夜的酒,还有异乡的那一地温柔。

4月18日

当大家都被他逗得哈哈大笑时,
一个小姑娘跟她妈妈说:"看,他哭了。"
——世上最坚强的不是心,是眼泪。

4月19日

权谋是戴着头套的智慧,
而揭下头套的是历史。

4月20日

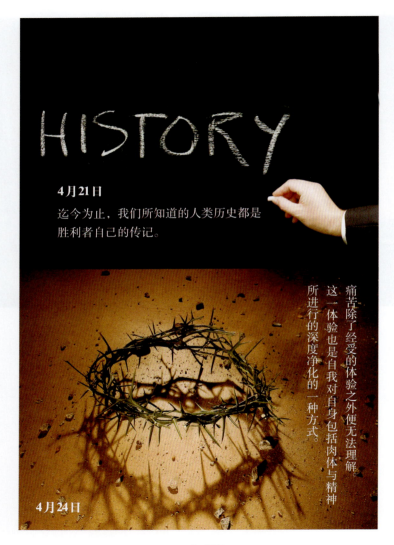

4月21日

迄今为止,我们所知道的人类历史都是胜利者自己的传记。

4月24日

痛苦除了经受的体验之外便无法理解。这一体验也是自我对自身包括肉体与精神所进行的深度净化的一种方式。

死不是一种状态,而是一个过程,
所以我们都在死。
唯其如此,生才有意义。

4月27日

5月6日

"遇见"是擦肩而过的一次回眸,
是匆匆脚步中的脚尖与脚跟的一次偶然碰撞,
是命中注定的一次等待。

May.2016

况味 | 人生 167

May.2016

那年起航,去寻找远方的我们。
现在我俩都老了,而船还在那里。

5月15日

弯曲的手指，细数着年少时的轻狂，
也为了抓住指缝间最后的希望。

5月17日

May.2016

5月19日

趟进时间的河,
去找寻历史废墟里的那一星火焰。

山楂树的白花开满了枝头,
我心里的风却吹乱了头发。

5月20日

烟是一种升腾,
可把人从幽暗中带出来。

5月21日

5月22日

政治与哲学一向是个痛苦的问题:放弃沉思,下坠至洞穴,首先得预想到不义。

5月23日
时间会产生锈渍,一种将死不死的状态,那便是侘寂之美。

May.2016

怀里满了,便是心的丰收。

5月31日

曾学这学那,
到老了照镜子才发现,学谁也没戏,自己还是自己,
一个不得不接受的自体。

6月1日

6月7日
晕开的结局，打湿了开始。

暴虐空间之下,有个如己的异类,算是原乡。

6月12日

苟且本身也是诗意，
远方不过是心的距离。

6月14日

桃花源的入口不在武陵河上游的漩涡,
而是在我们心的深处:
一个因痛而生的梦。
梦的美,不是因为梦里的美景,
只是因为梦——梦是无涯荒野里传出的一声"哎"。

6月19日

Jun.2016

凝望不是看,
是想——让自己在对象物中存在。

6月20日

临终遗言不是死后的嘱托,而是对舞台的渴望:
换一件戏服,涂一点脂粉,
做最后一次出场。

6月23日

7月5日
其实,
远方什么都没有,
我们真想要的是"上路"。

Jul.2016

7月15日

一本书除了它的字里行间之外,还有一个地方叫『不言之言』,即它没说的又是它最想说的那部分。

7月18日

为人生的此时引灯,为以后的岁月流泪
——这里说的是蜡烛。

7月19日

"假如"是人在不可能中唯一能抓得住的东西。

7月27日
搂紧了的时间，却被回忆扯去了被子。

7月28日

「命运」是躲藏在审慎和智慧后面的「驼背小人」,它唯一的喜好是「捉弄」它们。

人都是未经自己同意而被抛到这个世界上的，
所以不安于此才是人的本性。

7月29日

夜色踮起了脚尖,舞动了寂寞。

7月30日

由西方古典时代导源的"国家装置"(constitution)都是按照男性的阳性形态设置的。

8月1日

人们喜欢在自己不能抗拒的寿限里对过往的事情叽叽歪歪，而历史本身却是个哑巴。

8月13日

热夏的身影落在了秋光里,
心里的风把世界染了色。

8月14日

Aug.2016

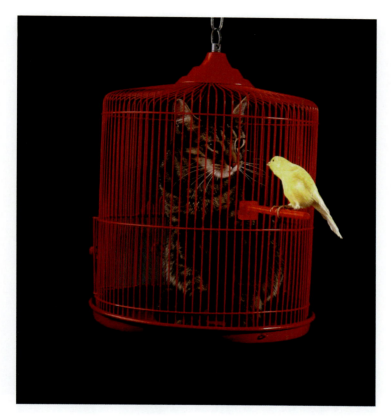

艺术家捕捉的并不是世界的真相，
而是对真相的刻意歪曲。

8月16日

宗教告诉了我们一点：
活着都是暂住证，死才是永久产权。

8月17日

Aug.2016

世间缺乏真正的友爱,
是因为人过分依赖彼此的双手。

8月21日

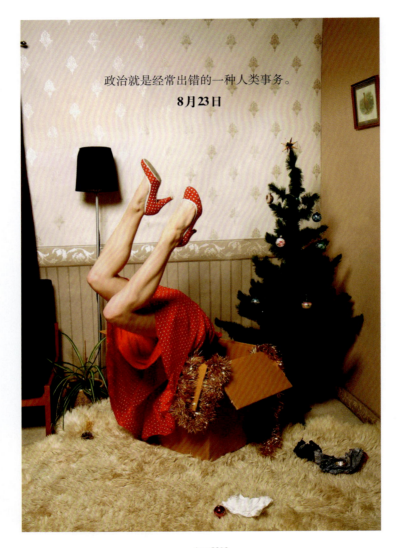

政治就是经常出错的一种人类事务。
8月23日

历史是一切偶然性的废墟。
从历史当中永远推论不出未来。
活着的人只能从废墟中拾捡些东西,添加到未来中去。
本雅明把它叫作救赎,我们称它为经验。

9月2日

多疑是独断者的人格特征。

9月8日

9月16日
无论时代如何翻新,
唯独人的情感属于古典,
永远保持着它的原样。

Sep.2016

9月17日

人的屁股上都有一条尾巴，只是看不见而已。
悟空虽有千般变化，还是尾巴不好处理，
常将它化为一根旗杆。

已是初秋,总是念记春的时分:
那种冬意未尽,
新芽将来的感觉特别美好。

9月22日

秋色是春天长途跋涉之后留下的倒影。

9月23日

快乐往往都是双向性的,
它来自于天地万物间的相通相感:
人若快乐,雨天便是水珠的舞蹈。

9月24日

Sep.2016

真正的友谊根源于无私。

9月26日

Sep.2016

9月27日

即便是树静,
也能为此而惊醒自己的感觉,
这个词叫"在意"。

10月3日 一杯薄酒,敬秋天的盛情。

10月5日 你的存在,便是一生的依靠。

Oct.2016

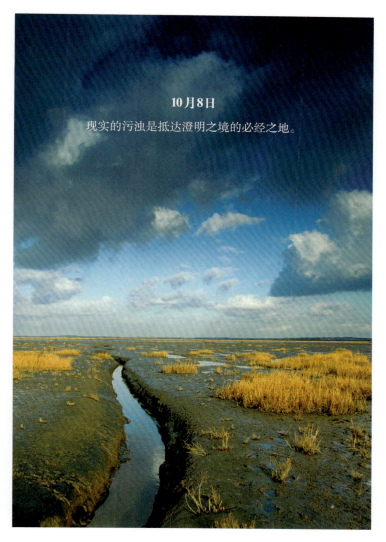

10月8日

现实的污浊是抵达澄明之境的必经之地。

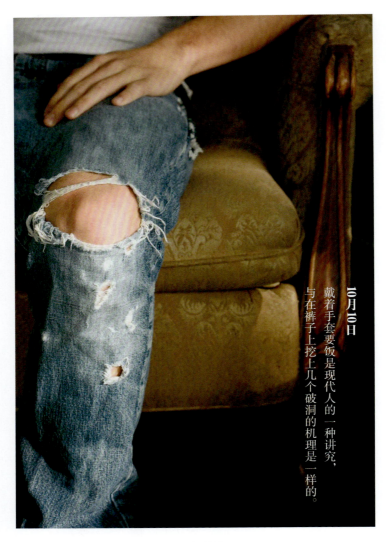

10月10日

戴着手套要饭是现代人的一种讲究,与在裤子上挖上几个破洞的机理是一样的。

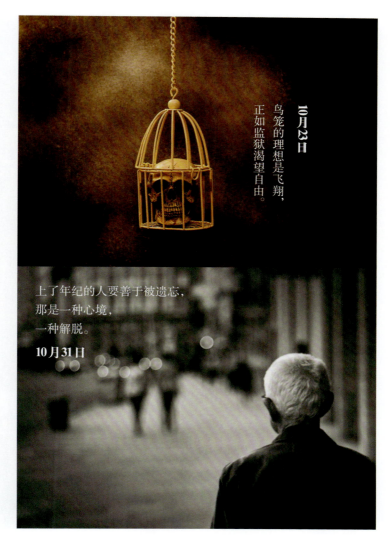

10月23日 鸟笼的理想是飞翔,正如监狱渴望自由。

上了年纪的人要善于被遗忘,那是一种心境,一种解脱。
10月31日

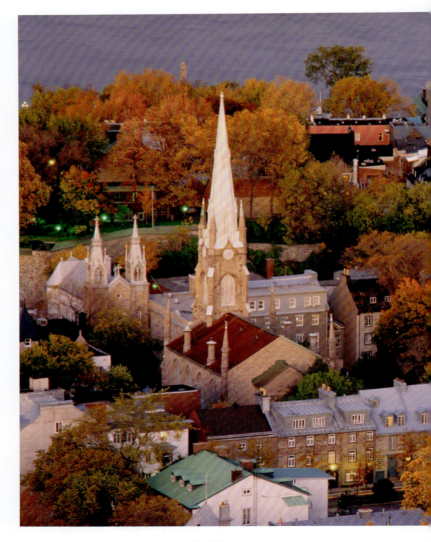

Nov.2016

11月2日
念一座城不是因为城，
而是那里的人。

人与书相遇就是把孤独安放在时间之外,
与另一个自己相遇。

11月11日

生命的丰盈也只不过为了把心填满,
正如仰望着星空,等待的却是一叶扁舟缓缓驶来。

11月15日

Nov.2016

雨阴郁又灿烂，
关键是谁在伞下。

11月18日

Nov.2016

十一月21日

雪是一种记忆，冷也就成了温暖。

12月3日
心在激情澎湃处停泊便会产生静谧之美。

Dec.2016

Dec.2016

被捕捉到的一个偶然细节,
往往是历史最恰当的表达。

12月10日

Dec.2016

孤独于历史之外者，
只有历史才是他真正的安适之所。

12月15日

剧场的舞台既与世界关联,
又与之隔离,人生也如此。

12月20日

远方的世界总让人好生牵挂。

12月22日

阴晴圆缺、悲欢离合既是不可抑制的自然，
也是人短暂生命过程的意义所在。

12月27日

Dec.2016

智慧是个老人，
他把看透的炎凉当作苟活于世的最后故事。

12月31日

2017

雕刻时光

虚度的时光才是美好的,
一寸光阴就是一寸,没有金

母亲的眼泪，是世间最大的慈悲。

1月4日

Jan.2017

时间总是时急时徐,人习惯把它叫作欢愉和等待。

1月9日

Jan.2017

理想多悬在半空,最好投个保险。

1月18日

Jan.2017

"年年有余"没必要,"恰好"就好。

2月1日

Feb.2017

文本是一张网,读者寻找的是蜘蛛。

2月15日

Feb.2017

思考就是用心苦造出一个世界,再用思维的链子锁住它。

2月18日

Feb.2017

Feb.2017

2月22日
对我而言，
童年并不是另一个自己，
而是一种丢失状态，
我始终没办法把童年和自己联系起来。

2月23日
听听这个下雪的夜，
「嘘」好像春天来了。

Feb.2017

2月24日　"施与"与"领受"的关系是，"施与"总以固守身份为前提。

Feb.2017

布景把人固定在永不相交的两点，
间离性是它具有的特质。

2月26日

Feb.2017

长大了,我和我的小狗都在社会里走丢了。

3月10日

Mar.2017

害羞不是胆怯,
而是人对自己与外界的关系过于敏感。

3月13日

Mar.2017

学科之墙再高也挡不住思维的自由。

3月15日

Mar.2017

3月18日 时间成就了回忆,死亡命定了虚无。

3月21日 互文性再往前走一步就是剽窃。

Mar.2017

分离是另一种方式的相遇,由彼此的守望连着。

4月8日

Apr.2017

Apr.2017

4月9日

起航都是从自己那一点开始，
无论去哪里或走多远都是自己的风景。

从某种意义上说,
人并非历史的产物,而是人建构了他的来历。

4月12日

所谓追忆就是用时间的绳索把往事拴住,
所谓遗忘就是剪断绳索。

4月16日

悲悯是一种眼神,各自凝视着对方的不幸。

4月18日

Apr.2017

明天也是来世的别称,因为谁也不能确保自己定会活过今晚。
人生就是无常的醒来。

5月2日

照片保存了在场的记忆,
又是确证不在场的标志。

5月8日

May.2017

生活在别处的人们一般都这样:
用饥饿诅咒富贵的罪恶,用光棍谴责爱情的悖德。

5月13日

一本好书、一篇好文通常都带有木马病毒，
会感染我们的心。

5月16日

May.2017

剥开时间的厚土,
寻取掩埋已久的那个自己,
这才是真正意义上的起死回生。

5月19日

戏仿是孩子的天性，幽默的来源。

5月26日

文明因为等级,所以趋同。

5月28日

May.2017

褪去了繁盛的表象,
听到的是万物孤独的声息。

6月2日

Jun.2017

心是有轮子的,
时而奔向远方,时而静待一盏茶凉。

6月6日

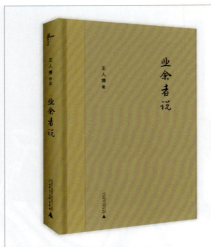

6月8日

就知识分子而言,业余者固然缺少了学科规训,但他更像是个读书人。

阅读有两种:
一种是爬坡,上去了就是另一种眼界;
一种是行路,纵然能加快脚步,也还是平地的风景。

6月13日

6月15日

听当今流行的"古风",
总有一种像是在锈迹斑驳的青铜器上刷上一层厚厚绿漆的感觉。

6月16日

Jun.2017

6月17日
凝视自己灵魂的人,
即便从纸页渗出来也还是诗的气质。

Jun.2017

在知识领域还有一块属于"无知"的地方,
它是由苏格拉底发现,
又被后人遗弃的。
或许,我们才是那里的主人。

6月19日

绝望就是揣着无望前行。

6月26日

Jun.2017

青春就是离家出走,流落异乡,
至死都向一个方向的眺望。
青春又是夭折者的纪念碑。

6月28日

Jun.2017

无论他们怎样贫穷,
我对另一种富有都肃然起敬。

7月2日

Jul.2017

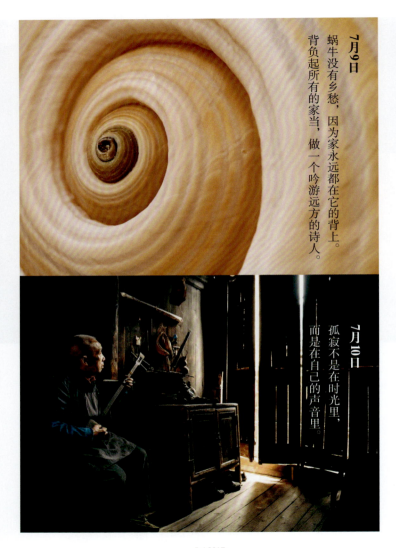

7月9日
蜗牛没有乡愁，因为家永远都在它的背上。背负起所有的家当，做一个吟游远方的诗人。

7月10日
孤寂不是在时光里，而是在自己的声音里。

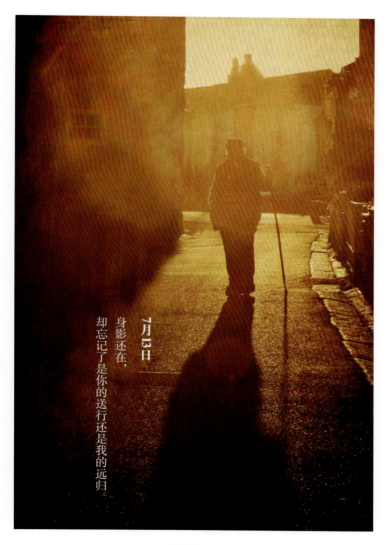

7月13日
身影还在，
却忘记了是你的送行还是我的远归。

生命并不顽强,顽强的是生命持久的不幸存在。

7月14日

世事白云苍狗，我只与天空搏斗。

7月19日

7月20日

跨文化的理解，其实质是「领养」。

Jul.2017

故事是时间的括弧形式,
过去与现在的面对是它的存在之境。

7月21日

Jul.2017

美是一种气味，风做的媒。

7月25日

Jul.2017

左右是方位,智愚才是本分。

7月26日

7月27日

文字的劳作具有两重性：
不知该表达敬意还是歉疚？

Jul.2017

痛苦剥去了脸上的胭脂，
剩下的是一种让人流泪的美。

8月6日

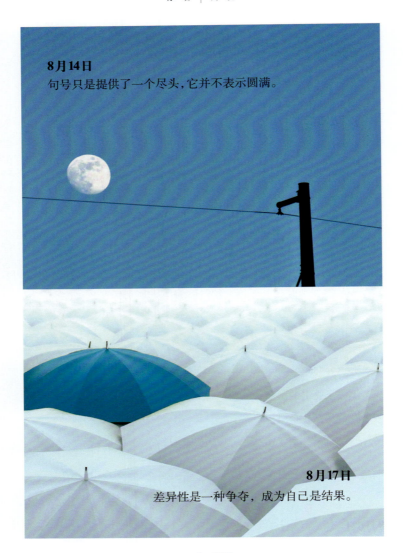

8月14日
句号只是提供了一个尽头,它并不表示圆满。

8月17日
差异性是一种争夺,成为自己是结果。

内在的回忆抵抗着外在时间带来的衰老,
这是无望中的希望。

8月20日

Aug.2017

生命是带有触感的，
哪怕是两片叶子的挨抚，
也能听见彼此的心跳。

8月24日

Aug.2017

被黑暗吞没，在光明里消失，
这是影的宿命。

8月27日

Aug.2017

9月2日

哲学对人的内在性的夸大,
指向的恰恰是人于天地间的卑微。

浪漫是对庸常秩序的破坏,
并给这种破坏赋予了一种欢朗的色彩。

9月3日

Sep.2017

契机是个带着禅意的词,
也是修习的得悟之地。

9月6日

人间的薄凉本身就是一种适宜的温度。

9月7日

Sep.2017

心是有空间性的,除了安放一些概念、统一律、必然性之外,还应带入偶然、乖张、随意,后者不妨被视作自由。

9月8日

9月14日
人是被"应然"所累。

9月17日
人生最得意的是在撒把的瞬间,好像抱着了整个世界。

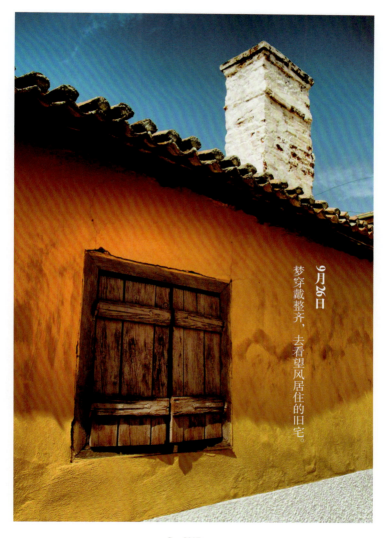

9月26日
梦穿戴整齐,去看望风居住的旧宅。

有的人死后会在他的作品里存活,
灵魂的跳跃产生了聆听与凝望。

10月6日

星空下开满鲜花的山丘,
还有月光酿的一盏欢酒。

10月16日

Oct.2017

Oct.2017

10月21日

哪怕是一片荒野,
也要为我的人生舞蹈。

Oct.2017

11月3日
所谓特写,都是有预谋的遗漏。

Nov.2017

11月7日
自由是不存在的，
除非你认为那是自由。

11月9日
温情是一件快递，
拿在手上的包裹恰好是想要的那种信息

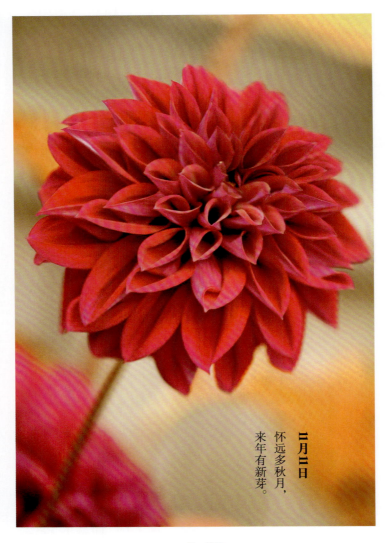

十一月二日
怀远多秋月，
来年有新芽。

Nov.2017

三月12日

日本的审美有几个概念：物哀、幽玄、寂、风雅、意气，我误以为「寂」是所有这些概念的枢机。

纯净寻常是高贵、典雅的栖居之地。

11月13日

孤独是一场耽想的繁华和喧嚣。

11月17日

Nov.2017

在意日常生活中的每一块琐碎,
便是一种修行。

11月18日

Nov.2017

所谓劳动创造美,
关键不在于劳动而是谁看。

11月19日

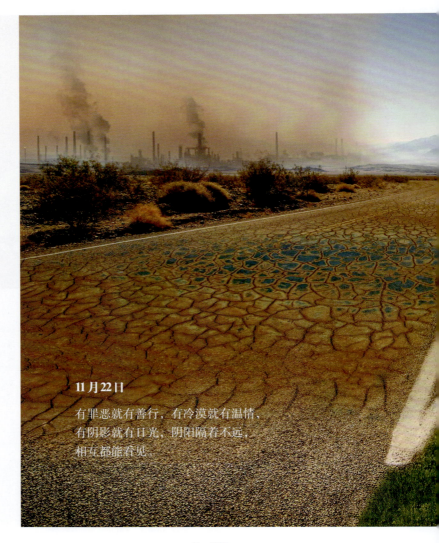

11月22日

有罪恶就有善行,有冷漠就有温情,有阴影就有日光,阴阳隔着不远,相互都能看见。

Nov.2017

寒暄都是话里有话,天气通常蕴含着阴晴。
这算是东方人的智慧。

11月28日

与其熙熙攘攘,
不如俩俩相望。

12月8日

Dec.2017

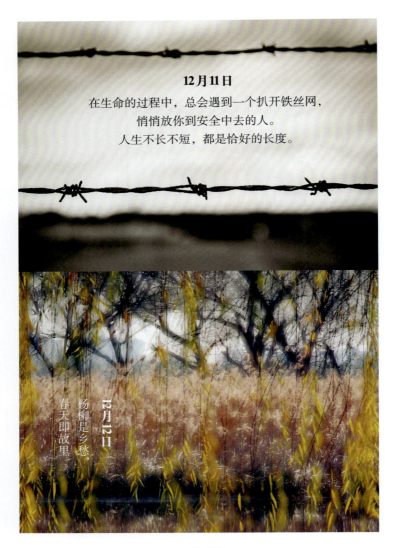

12月11日
在生命的过程中，总会遇到一个扒开铁丝网，
悄悄放你到安全中去的人。
人生不长不短，都是恰好的长度。

12月12日
杨柳是乡愁，
春天即故里

路边的一株野草已经枯萎，
而来年的春天它却长出了嫩芽。
那是再生的微笑。

12月16日

Dec.2017

Dec.2017

12月19日
不期而遇是上帝的排场。

现代性与"开发"有关,
其意象是裸露,即客观物质世界包括身体的敞开。
而这一切又都以心灵的封闭为前提。

12月20日

死有两种：一种是失去生命；
一种是把生命转交给了别人，这一种死叫牺牲。

12月22日

12月24日
只有在异类中，我才会觉得自己像个君王。

哲学漫步

2018'

人都是在荒漠中跋涉,
即便道渴而死,
心里也得存着甘甜的希望。

思想悬置的最好方式是博物馆化,
即为了展示而展示。

1月2日

Jan.2018

广告就是通过内爆使我们失去真实,
把幻化的欲望变成了生活自身。

1月3日

理性就像头发上抹了油,总是朝着固定的方向;
非理性则是头发的不服从,是心获得了全胜。

1月13日

Jan.2018

乡野的小径，是春天来时的正路。

1月17日

Jan.2018

活在万千世界,"留白"是洒脱,
也是真正的富有。

1月30日

Jan.2018

推杯换盏未必是真朋友,
在路边摊一起吃东西关系一定不寻常。

2月1日

Feb.2018

天真不是傻,
是"不屑一顾"无意识的外观形态。

2月4日

Feb.2018

握紧掌心里的时光,
扔弃那些斑驳的过往。

2月5日

我的本性是驰骋,
结果负重却成了宿命。

2月16日

Feb.2018

从这走,也从这来。
一转眼,花就开了。

2月19日

Feb.2018

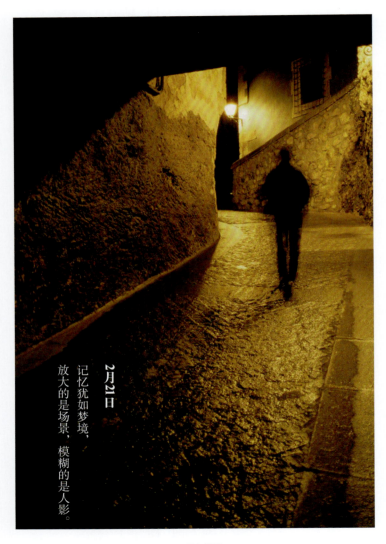

2月21日
记忆犹如梦境，
放大的是场景，模糊的是人影。

Feb.2018

美是被框定的结果,
有没有框子效果截然不同。
文学以书的形式存在,
讲究开本,即便一篇网络小说也要加载封面。

3月6日

跑是跑者的存在方式,
终点则是阻止跑者成为自己的真正对立物。

3月9日

人的寂寞不是孤单,
而是看到了孤单的物。

3月11日

Mar.2018

梦境是生活的变形结构，
骆驼是蚂蚁的熟睡状态。

3月21日

Mar.2018

离别不是分开,
而是"身在"与"远去"处在一种"在场"状态。

3月27日

历史从不要求我们什么,
我们却在不断地索取之后,选择遗忘。

3月29日

Mar.2018

自恋就是非常成功地不认识自身而呈现的一种满足状态。

3月30日

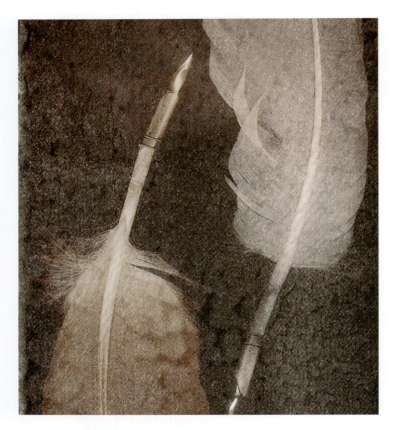

诗人是世上最无力的人,
除了激情和生命,他再无所凭借。

4月5日

情绪握在手心不会被捏碎,
应该是五指松开,让它从指缝中溜走。

4月10日

Apr.2018

一个句子孤零一行，
比它融集于句段之中的抱负更大：
它试图把文本空白处内蓄的意义只向自身聚集。

4月12日

Apr.2018

不是不顺从,
只是随了那点心意而已。

4月14日

景能成为景,
取决于看景的人和看景的方式。

4月20日

Apr.2018

跌落在鲲鹏的背上，
从此逍遥不寂寞。

4月25日

4月28日
"自我"不知是镜中的自己，
还是所见的己身，还是意识到的自己。

Apr.2018

孤单凝望着那片土地向书包祈祷：
带我去一个不再孤单的地方。

5月10日

May.2018

在雕饰的时代,
汗水成就了一种庄严的自尊。

5月11日

不是我喜欢奔跑，
而是寂寞的尘土想起身活动一下筋骨。

5月23日

6月2日

人最难的是爱自己,
自私不是爱,是贪。
事实上,
人最喜欢的是自我挑衅直至头破血流。
所以呢,耐心才是活得久的良药。

"我"是一个复杂的词,
无法确定它指称的确切对象。

7月3日

Jul.2018

不是我特立独行，
只是想看一看不同的风景。

7月4日

位置既重要也不重要,关键是坐在上面干什么。

7月9日

Jul.2018

时间带有空间化,既流逝,也并置。

7月11日

7月13日

美,
都是人与自然的共谋形式。

Jul.2018

一管笛音随流水，
扁舟觅得是心声。

7月15日

在这个把谎言当作格言的世界,
一个男人应该始终忠于命运、友谊和自己的智性。

7月20日

7月24日
中国人在意的是心,不是嘴。
心没了,嘴也就是个窟窿而已。

Jul.2018

8月17日
越是看起来相似,其真实的差异性就越大。只有不同,才是相似。

以前总认为喜欢音乐是因为心情。
看了电视才知道：
这个爱好的最大价值是用来相亲。

8月24日

每一种富阔，都爬满了另一些人的悲苦。

9月14日

9月22日
生活就是一碗炝锅面：
虚荣浮在面上，滋味全在汤里。

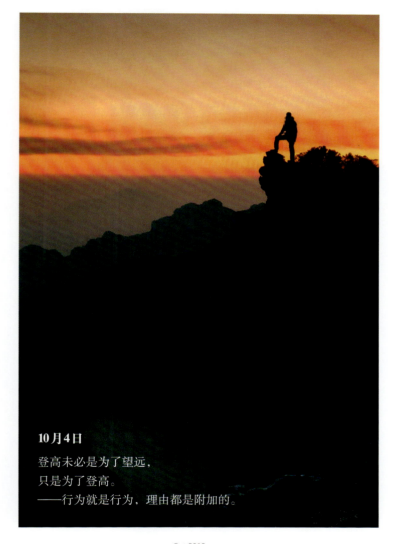

10月4日

登高未必是为了望远,
只是为了登高。
——行为就是行为,理由都是附加的。

叶子跟树说,
本是同根生,
您能经住岁月的风吹雨打,
我却活不过秋天……

10月11日

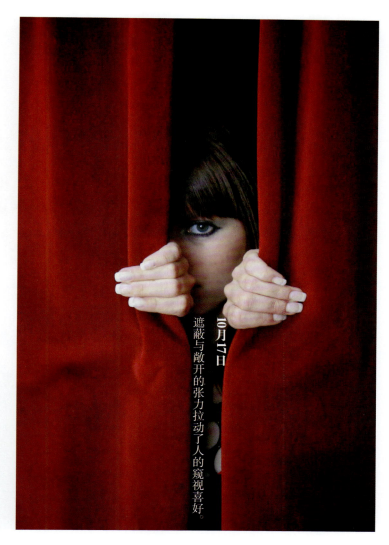

10月17日
遮蔽与敞开的张力拉动了人的窥视喜好。

其实，
人有时不是为了充实，
只是为了一片虚空。
10月19日

10月31日
山林沉寂，江湖告歇……

后 记

    本书所有文字和原图都取自作者本人的微信朋友圈。一开始只是觉得好玩，日积月累慢慢就成了习惯，有了"一日一语"这句玩笑话。后来出版社的朋友J先生看到，认为这些图文有价值，所以决定出版，只因图片的版权问题，一直倒腾到现在。

    这些图文能从微信里走出来与读者诸君见面，对于作者来讲当然是件快乐和幸运的事情。这里要说的是，即便这样一本小书也凝聚了多人的心血和工夫，在此不想一一列举名字，怕因为我的不智而惊扰他／她们。再说了，用笔墨写成的感念文字会被风吹走不留踪痕，所以放在心里才是最为保险和安全的。